Bibliografische Information der Deutschen Nationalbibliothek:

Die Deutsche Bibliothek verzeichnet diese Publikation in der Deutschen National-bibliografie; detaillierte bibliografische Daten sind im Internet über http://dnb.d-nb.de/ abrufbar.

Impressum:

Copyright © 2013 GRIN Verlag, Open Publishing GmbH
Druck und Bindung: Books on Demand GmbH, Norderstedt Germany
ISBN: 9783668570344

Dieses Buch bei GRIN:

http://www.grin.com/de/e-book/380423/psychologie-des-gesundheitsverhaltens-selbstregulationsfaehigkeit-intentionsphase

Carla Ribeiro Rekkab

Psychologie des Gesundheitsverhaltens. Selbstregulationsfähigkeit, Intentionsphase, Transtheoretische Modell

GRIN Verlag

GRIN - Your knowledge has value

Der GRIN Verlag publiziert seit 1998 wissenschaftliche Arbeiten von Studenten, Hochschullehrern und anderen Akademikern als eBook und gedrucktes Buch. Die Verlagswebsite www.grin.com ist die ideale Plattform zur Veröffentlichung von Hausarbeiten, Abschlussarbeiten, wissenschaftlichen Aufsätzen, Dissertationen und Fachbüchern.

Deutsche Hochschule für

Prävention und Gesundheitsmanagement

Hermann Neuberger Sportschule 3

66123 Saarbrücken

Einsendeaufgabe

Fachmodul: Psychologie des Gesundheitsverhaltens

Studiengang: Bachelor in Ernährungsberatung

Version Studienbrief: August 2012, v8.0

(Datum des Vorwortes, Versionsnummer in Fußzeile des Studienbriefes)

Name, Vorname: Ribeiro, Carla

Studienort: Saarbrücken

Semester: 2

Inhaltsverzeichnis

Einsendeaufgabe 1: Selbstregulationsfähigkeit

Längerfristige Beratung zum Thema:

DER VERSUCHUNG WIEDERSTEHEN

Wie kontrolliere ich mein Essverhalten

in Stresssituationen?

Meine Gruppe besteht aus 5 Personen (m/w) die beruflich sehr stark eingebunden sind, kaum Freizeit haben und zeitlich nicht zum Kochen kommen. Sie greifen immer wieder zu schnell verfügbaren Essen wie z.B. Fast Food und Süßigkeiten. Meine Gruppe ist normalgewichtig und möchte sich präventiv vor Übergewicht und den damit zusammenhängenden ernährungsbedingten Krankheiten schützen.

Tab. 1: Daten der Gruppe: Der Versuchung wiederstehen

	Geschlecht	Beruf	Alter
Person 1	Männlich 39	Chirurg	30
Person 2	Weiblich	Selbst. Projektleiterin	49
Person 3	Weiblich	Art Director	45
Person 4	Männlich	Regisseur	47
Person 5	Männlich	Rating Analyst	31

Aufgabe 1: Erläuterung Selbstregulationsfähigkeit

In der Psychologie bezeichnet der Begriff Selbstregulation Vorgänge, die mit der Steuerung der eigenen Person in ihrer Umwelt in Zusammenhang stehen. Dabei kann zwischen Individuen unterschieden werden die reaktiv auf ihre Umwelt handeln von solchen die ihre Umwelt aktiv beeinflussen und steuern. Letztere besitzen durch ihre Fähigkeit ihre Emotionen, Antrieb und durch die bewusst positive Wahrnehmung der Dinge ein hohes Maß an Selbstregulation. Folgendes Beispiel soll dieses verdeutlichen:

Person A mit geringer Selbstregulationsfähigkeit und Person B mit hoher Selbstregulationsfähigkeit fallen in einer Prüfung durch. Person A ist von Selbstzweifeln geplagt und hat nun in der nächsten Prüfung Angst zu versagen. Sie geht mit geringer Motivation in die Lernphase rein und wird durch die geringere Effizienz beim Lernen wahrscheinlich in der Nachprüfung wieder durchfallen. Sie ist also zum „Spielball" ihrer Umwelt geworden. Person B hingegen ist durch den Rückschlag extrem motiviert es nun allen zu zeigen. Im Gegensatz zur Person A fängt Person B frühzeitig an zu lernen und gestalte aktiv ihre innerpsychische Wahrnehmung der äußeren Umstände positiv. Sie freut sich zum Beispiel darüber, sich noch etwas ausgiebiger mit der Materie beschäftigen zu dürfen und nun der Sache auf den Grund zu gehen. Mit aller Wahrscheinlichkeit wird sie die Nachprüfung bestehen. Sie nimmt aktiv Einfluss auf ihre Umwelt indem sie ihre Sicht der Dinge steuert.

Aufgabe 2: Merkmale zur Ausprägung der Selbstregulationsfähigkeit

Tab. 2: Merkmale zur Ausprägung der Selbstregulationsfähigkeit

Gute Ausprägung der Selbstregulationsfähigkeit	Weniger Gute Ausprägung der Selbstregulationsfähigkeit
Organisationsfähigkeit	Planlosigkeit
Selbstbewusstsein	Selbstzweifel
intrinsische Motivation	extrinsische Motivation
Hohe Selbstwirksamkeitserwartung	Niedrige Selbstwirksamkeitserwartung
Ausgeglichenheit	Unausgeglichenheit
Optimismus	Pessimismus
Selbstbestimmtheit	Beeinflussbarkeit
Kommunikationsfähigkeit	Verschlossenheit
Zielorientiertheit	Gleichgültigkeit
Durchhaltevermögen	Schnelles Aufgeben
Zuversicht	Ungewissheit
Aktivität	Passivität

Aufgabe 3: Fragenkatalog Selbstwirksamkeitserwartung

Tab. 3: Fragenkatalog zur Ermittlung der Selbstwirksamkeitserwartung der Gruppe

	Trifft garnicht zu (1)	Trifft kaum zu (2)	Trifft eher zu (3)	Trifft genau zu (4)
Ich gehe motiviert an neue Herausforderungen heran				
Ich behalte den Überblick auch wenn es stressig wird				
Meine Einstellung zu Problemen ist: Geht nicht, gibt's nicht				
Ich bin eine Kämpfernatur				
Wenn ich in den Spiegel schaue, mag ich mich				
Ich vertraue meinen Fähigkeiten				
Ich nehme die Dinge wie sie kommen				
Aus Fehlern lerne ich immer was dazu und weiß sie in der Zukunft zu vermeiden				
Ich habe eine optimistische Sichtweise				
Meine Ziele die ich erreichen will, habe ich bereits verwirklicht oder bin zuversichtlich, dass ich sie erreichen werde				

Fragenkatalog Person 1

Tab. 4: Fragenkatalog Selbstwirksamkeitserwartung – Person 1

	Trifft garnicht zu (1)	Trifft kaum zu (2)	Trifft eher zu (3)	Trifft genau zu (4)
Ich gehe motiviert an neue Herausforderungen heran				✓
Ich behalte den Überblick auch wenn es stressig wird				✓
Meine Einstellung zu Problemen ist: Geht nicht, gibt's nicht				✓
Ich bin eine Kämpfernatur				✓
Wenn ich in den Spiegel schaue, mag ich mich				✓
Ich vertraue meinen Fähigkeiten				✓
Ich nehme die Dinge wie sie kommen			✓	
Aus Fehlern lerne ich immer was dazu und weiß sie in der Zukunft zu vermeiden				✓
Ich habe eine optimistische Sichtweise				✓
Meine Ziele die ich erreichen will, habe ich bereits verwirklicht oder bin zuversichtlich, dass ich sie erreichen werde				✓

Erreichte Punktzahl: 39

Fragenkatalog Person 2

Tab. 5: Fragenkatalog Selbstwirksamkeitserwartung – Person 2

	Trifft garnicht zu (1)	Trifft kaum zu (2)	Trifft eher zu (3)	Trifft genau zu (4)
Ich gehe motiviert an neue Herausforderungen heran			✓	
Ich behalte den Überblick auch wenn es stressig wird				✓
Meine Einstellung zu Problemen ist: Geht nicht, gibt's nicht				✓
Ich bin eine Kämpfernatur		✓		
Wenn ich in den Spiegel schaue, mag ich mich			✓	
Ich vertraue meinen Fähigkeiten				✓
Ich nehme die Dinge wie sie kommen		✓		
Aus Fehlern lerne ich immer was dazu und weiß sie in der Zukunft zu vermeiden			✓	
Ich habe eine optimistische Sichtweise		✓		
Meine Ziele die ich erreichen will, habe ich bereits verwirklicht oder bin zuversichtlich, dass ich sie erreichen werde			✓	

Erreichte Punktzahl: 30

Fragenkatalog Person 3

Tab. 6: Fragenkatalog Selbstwirksamkeitserwartung – Person 3

	Trifft garnicht zu (1)	Trifft kaum zu (2)	Trifft eher zu (3)	Trifft genau zu (4)
Ich gehe motiviert an neue Herausforderungen heran			✓	
Ich behalte den Überblick auch wenn es stressig wird			✓	
Meine Einstellung zu Problemen ist: Geht nicht, gibt's nicht			✓	
Ich bin eine Kämpfernatur			✓	
Wenn ich in den Spiegel schaue, mag ich mich			✓	
Ich vertraue meinen Fähigkeiten			✓	
Ich nehme die Dinge wie sie kommen			✓	
Aus Fehlern lerne ich immer was dazu und weiß sie in der Zukunft zu vermeiden			✓	
Ich habe eine optimistische Sichtweise			✓	
Meine Ziele die ich erreichen will, habe ich bereits verwirklicht oder bin zuversichtlich, dass ich sie erreichen werde			✓	

Erreichte Punktzahl: 30

Fragenkatalog Person 4

Tab. 7: Fragenkatalog Selbstwirksamkeitserwartung – Person 4

	Trifft garnicht zu (1)	Trifft kaum zu (2)	Trifft eher zu (3)	Trifft genau zu (4)
Ich gehe motiviert an neue Herausforderungen heran			✓	
Ich behalte den Überblick auch wenn es stressig wird			✓	
Meine Einstellung zu Problemen ist: Geht nicht, gibt's nicht			✓	
Ich bin eine Kämpfernatur			✓	
Wenn ich in den Spiegel schaue, mag ich mich			✓	
Ich vertraue meinen Fähigkeiten			✓	
Ich nehme die Dinge wie sie kommen			✓	
Aus Fehlern lerne ich immer was dazu und weiß sie in der Zukunft zu vermeiden			✓	
Ich habe eine optimistische Sichtweise		✓		
Meine Ziele die ich erreichen will, habe ich bereits verwirklicht oder bin zuversichtlich, dass ich sie erreichen werde			✓	

Erreichte Punktzahl: 29

Fragenkatalog Person 5

Tab. 8: Fragenkatalog Selbstwirksamkeitserwartung – Person 5

	Trifft garnicht zu (1)	Trifft kaum zu (2)	Trifft eher zu (3)	Trifft genau zu (4)
Ich gehe motiviert an neue Herausforderungen heran			✓	
Ich behalte den Überblick auch wenn es stressig wird			✓	
Meine Einstellung zu Problemen ist: Geht nicht, gibt's nicht		✓		
Ich bin eine Kämpfernatur		✓		
Wenn ich in den Spiegel schaue, mag ich mich			✓	
Ich vertraue meinen Fähigkeiten				✓
Ich nehme die Dinge wie sie kommen		✓		
Aus Fehlern lerne ich immer was dazu und weiß sie in der Zukunft zu vermeiden			✓	
Ich habe eine optimistische Sichtweise			✓	
Meine Ziele die ich erreichen will, habe ich bereits verwirklicht oder bin zuversichtlich, dass ich sie erreichen werde				✓

Erreichte Punktzahl: 29

Aufgabe 4: Analyse der Selbstwirksamkeitserwartung der Gruppe

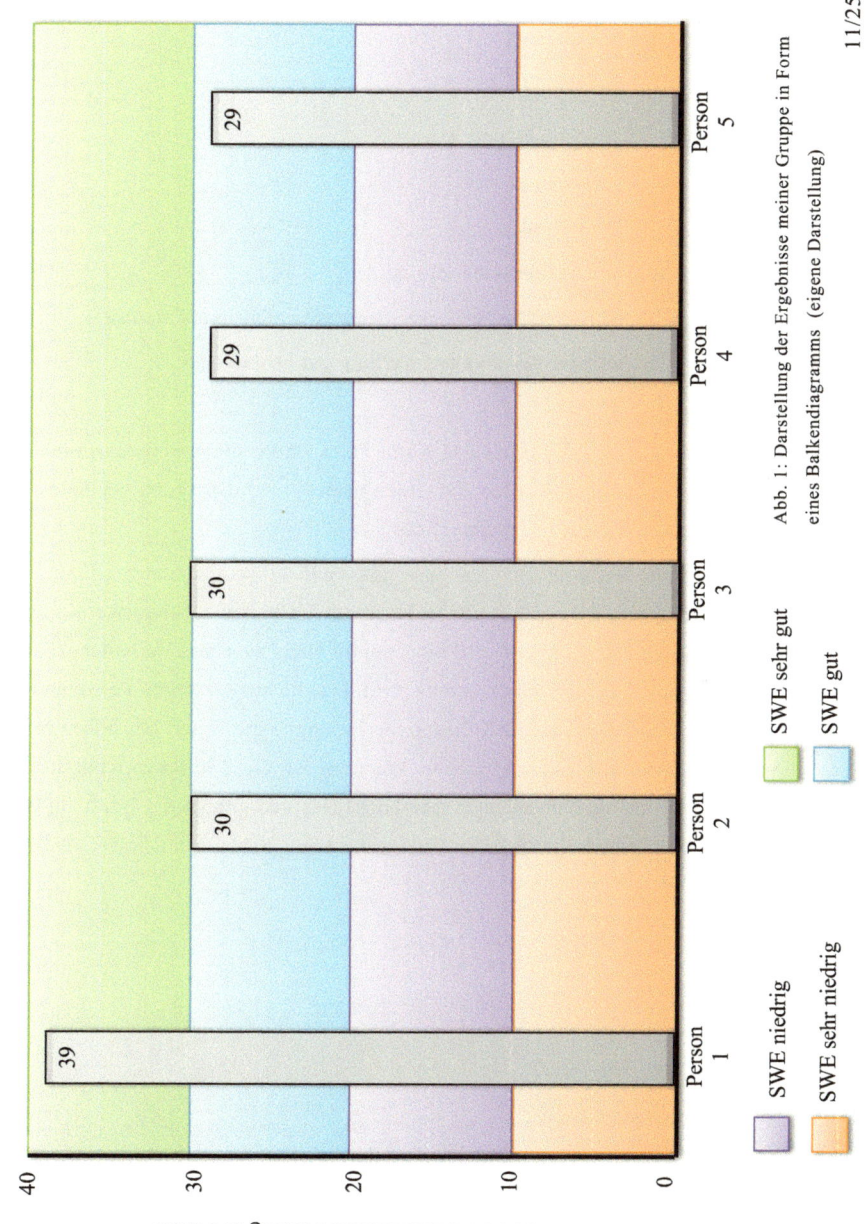

Abb. 1: Darstellung der Ergebnisse meiner Gruppe in Form eines Balkendiagramms (eigene Darstellung)

Analyse der Ergebnisse

Für die Auswertung der Fragenkataloge, habe ich folgende Punkte pro gestellte Frage vergeben:

Trifft gar nicht zu: 1 Punkt

Trifft kaum zu: 2 Punkte

Trifft eher zu: 3 Punkte

Trifft genau zu: 4 Punkte

Somit sind folgende Ergebnisse möglich:

Punktzahl < 20 Selbstwirksamkeitserwartung sehr niedrig bis niedrig

Punktzahl > 20 Selbstwirksamkeitserwartung gut bis sehr gut

Das Ergebnis habe ich grafisch in Form eines Balkendiagramms dargestellt, so-dass ich die Gruppe und jeden Einzelnen nach ihrer Ausprägung der Selbstwirk-samkeitserwartung gut beurteilen kann.

Meine Gruppe hat eine gute bis sehr gute Selbstwirksamkeitserwartung. Es ist also zu erwarten, dass alle proaktiv an ihrem Verhalten arbeiten werden und es schlussendlich mit sehr hoher Wahrscheinlichkeit zu einer Verhaltensänderung bezüglich des Essverhaltens kommen wird. Da alle ausgewählten Personen beruf-lich sehr erfolgreich sind und dies sicherlich auch nur durch ein hohes Maß an Selbstregulationsfähigkeit erreichen konnten, ist die Selbstwirksamkeitserwar-tung vermutlich als Konsequenz sehr hoch. Das vereinfacht die Beratung dahin-gehend, dass keine kognitive Umstrukturierung im Vorfeld stattfinden muss.

Einsendeaufgabe 2: Intentionsphase

Programm zur Ernährungsumstellung zum Thema:

> *PRÄVENTION VON FAMILIÄR*
> *BEDINGTEN KRANKHEITEN*

Bei meinen Kurs handelt es sich um einen Einsteigerkurs für Frauen der sich an die Altersklassen 25-35 Jahre richtet und präventiv ausgelegt ist.

Ich betreue eine Gruppe bestehend aus 5 Frauen die Kenntnis darüber haben, dass in ihrer Familie ernährungsbedingte Krankheiten aufgetreten sind und sie deshalb ein erhöhtes Risiko für diese Krankheiten haben. Alle 5 Frauen sind seit langem übergewichtig und haben schon oft erfolglos Diäten ausprobiert. Aktuell sind alle allgemein gesund. Ein individuelles Eingangsgespräch, warum die Teilnehmer mein Programm besuchen und welche Ziele sie damit verfolgen, fand im Vorfeld statt. Meine Teilnehmer im Überblick:

Tab. 9: Daten der Gruppe zur Ernährungsumstellung

Gruppe	Erhöhtes Risiko	Zusätzlicher Wunsch
Person 1	Diabetes mellitus II	Mobbing umgehen
Person 2	Koronare Herzkrankheit	Schicker anziehen
Person 3	Arteriosklerose	Sich fitter fühlen
Person 4	Fettstoffwechselstörung	Gesünder Leben
Person 5	Schlaganfall	Schlank sein für die Hochzeit

Aufgabe 1: Aufgaben der Intentionsphase

Das Ziel der Intentionsphase ist die gewollte Verhaltensänderung von den Klientinnen. Dass heißt sie haben bereits den Rubikon überschritten und haben ein handlungswirksames Ziel eigenständig formuliert. (Pieter, 2012, S. 223)

Folgende Aufgaben müssen mit den Klientinnen hinsichtlich ihrer Intention besprochen werden:

1. Die Motive für die Verhaltensänderung herausfinden und aktivieren.

   Die persönlichen Beweggründe meiner Gruppe würde ich anhand einer Checkliste mit konkreten Fragen hinterfragen. In meiner Gruppe sind die Motive vorwiegend Gewichtsreduktion und Gesundheitsprävention sowie eine hohe Lebensqualität und soziale Anerkennung.

2. Objektivierung des individuellen Risikoverhaltens sowie Erörterung der Konsequenzen bei Fortbestehen des Verhaltens ohne innere Abwehrmechanismen auszulösen.

   In unserem Fall würde das bedeuten den Klientinnen ihr individuelles Risiko für kardiovaskuläre Krankheiten sowie Stoffwechselstörungen wie Diabetes aufzuzeigen. Hier bietet es sich zum Beispiel an ein Ernährungsprotokoll über 3 Tage zu führen und im Anschluss dieses gemeinsam im Einzelgespräch mit dem Klienten auszuwerten. Bei der Analyse wird dann insbesondere nach cholesterinreichen und zuckerhaltigen Lebensmitteln geschaut. Weitere Methoden zur Objektivierung wären z.B. die Berechnung des BMIs, eine Körperfettanalyse sowie eine Gesundheitscheckliste mit familiärer Prädisposition. Um keine Abwehrmechanismen auszulösen, sollte hier die gemeinsame Erarbeitung der Problematik im Mittelpunkt stehen. Der Berater sollte in diesem Abschnitt nicht belehrend wirken.

3. Erörterung der individuellen Lebensbedingungen und Hilfestellung bei der Integrierung und Priorisierung der erwünschten Verhaltensänderung.

   In dieser Phase ist es wichtig die individuellen Umgebungsbedingungen meiner Klientinnen zu erörtern und einen Plan zu entwickeln, wie die gesündere und ausgewogenere Ernährung sich in den Alltag integrieren lässt. Hierbei verwende ich meine Kreisdiagramme, aus denen sich entnehmen lässt wo meine Klienten noch freie Ressourcen haben. Finanzielle Faktoren sind dabei auch zu berücksichtigen.

4. Herausfinden von möglichen Barrieren durch eine Kosten-Nutzen-Abwägung und die Bewertung der Selbstwirksamkeitserwartung.

   Hier verdeutliche ich meinen Klienten insbesondere den durch empirische Evidenz statistisch belegten Nutzen des längeren qualitätsvollen Lebens durch eine gesunde Ernährung. Insbesondere das Risiko für kardiovaskuläre Erkrankungen, wie Arteriosklerose und ihre Folgekrankheiten z.B. periphere arterielle Verschlusskrankheit, Hypertonie, Herzinfarkt etc., können genauso wie ein Diabetes mellitus erfolgreich reduziert werden. Hinsichtlich der zusätzlich aufzuwendenden Zeit für die Zubereitung, verweise ich auf die Kreisdiagramme in denen ganz deutlich wird, dass die zusätzlichen geschätzten 30 min am Tag ein erhebliches Plus an Wohlbefinden und Gesundheit bedeuten und ohne weiteres auch in einen arbeitsreichen Tag integriert werden können. Mögliche Barrieren die dabei zu überwinden sind z.B. „ich habe keine Zeit regelmäßig gesund zu essen" oder „ich habe keine Zeit regelmäßig frische, gesunde Lebensmittel einzukaufen". Diese Barrieren müssen dann individuell mit den Klienten in der Gruppe oder Einzelgesprächen aufgearbeitet werden.

5. Ziel vom Klienten handlungswirksam formulieren lassen und psychoregulative Mechanismen dem Patienten verdeutlichen und als Werkzeuge zum erreichen des Ziels antrainieren.

Das Ziel eine gesunde Ernährung und eine Gewichtsreduktion muss dabei zwingend von meinen Klienten selbst formuliert werden. Dabei darf ich als Berater meine Klienten in ihrer Zielsetzung unterstützen, jedoch nicht das Ziel für sie definieren. Das Ziel sollte so konkret und präzise wie möglich definiert werden und dabei Rücksicht auf die individuellen Lebensbedingungen des Klienten nehmen. Das Ziel sollte „SMART" definiert werden. Ein entsprechendes Beispiel findet sich später in dieser Einsendeaufgabe (siehe Seite 22: Handlungswirksames Ziel Person 5).

Aufgabe 2: Checkliste Beweggründe

Tab. 10: Checkliste zur Hinterfragung der persönlichen Beweggründe

Was hat Sie zu uns geführt?
Wohnen oder arbeiten Sie in der Nähe unseres Zentrums?
Sind Sie verheiratet und haben Sie Kinder?
Treiben Sie Sport?
Würden Sie sagen Sie sind körperlich fit?
Kriegen Sie Unterstützung von Ihrem sozialen Umfeld (Familie, Freunde) bezüglich der Gewichtsabnahme?
Ist die Gewichtsabnahme Ihr Wunsch oder wurde es Ihnen empfohlen (Familie, Arzt etc.) ?
Gab es ein Auslöser Ihr Gewicht jetzt zu verändern?
Wann hatten Sie zuletzt Ihr Wunschgewicht?
Wie lange beschäftigen Sie sich schon mit dem Thema Übergewicht?
Wie ist das Gewicht in Ihrem Umkreis (Freunde und Familie)?
Wie war Ihre Kindheit? Hatten Sie damals schon Übergewicht?
Wie sieht es jetzt aus? Akzeptieren Ihre Kollegen und Freunden Ihr Übergewicht oder machen Sie sich ab und zu darüber Lustig?
Welche Reize führt Sie zum essen?
Welche Gefühle haben Sie beim essen?
Was Verstärkt Ihr Essverhalten?
Welche Diäten haben Sie bisher ausprobiert?
Welche Schwächen und Stärken hatten diese Diäten bisher?
Können Sie sich vorstellen regelmäßig zu uns zu kommen?

Aufgabe 3: Zielhierarchie Verhaltensänderung

Eine Verhaltensänderung bedarf eine Umstrukturierung des eignen Ichs. Dafür benötigen die Klientinnen eine Visualisierung der eigenen Zielhierarchie. Diese zeigt ihnen wie ihre Zeiteinteilung zurzeit aussieht, wo eventuell zu viel Zeit in Anspruch genommen wird, wo Anknüpfungspunkte sind und wie die Verhaltensänderung umgesetzt werden könnte.

Ich habe mich in meine Gruppe für die Form eines Kreisdiagramms mit Haupthandlungsfeldern entschieden. Meine Klienten bekommen eine von mir vorgefertigte Tafel mit vorgegebenen Haupthandlungsfeldern.

- Familie
- Beruf
- Haushalt/Sonstiges
- Soziale Kontakte
- Gesundheit

Meine Klientinnen sollen jede für sich den persönlichen Zeitaufwand prozentual in die Haupthandlungsfelder eintragen. Hierfür wird die verfügbare Zeit mit 100% angegeben. Außerdem sollen sie Unterpunkte in die jeweiligen Haupthandlungsfelder eintragen und diese nochmals prozentual gewichten. Ich gebe meinen Klienten eine Stunde Zeit sich auf die Aufgabe zu konzentrieren und stehe auf Wunsch beratend zur Seite ohne die Entscheidungen zu kommentieren. Die übersichtliche Gestaltung des Kreisdiagramms ermöglicht es meinen Klientinnen sich einen Überblick über ihr Zeitmanagement und ihre aktuellen Prioritäten zu machen. Die Klientin hat jetzt Umstrukturierungsmöglichkeiten, kann neue Prioritäten setzten und Lösungen für ihr Problem finden.

Ein mögliches Kreisdiagramm zur Einordnung der Zielhierarchie einer Klientin könnte folgendermaßen aussehen:

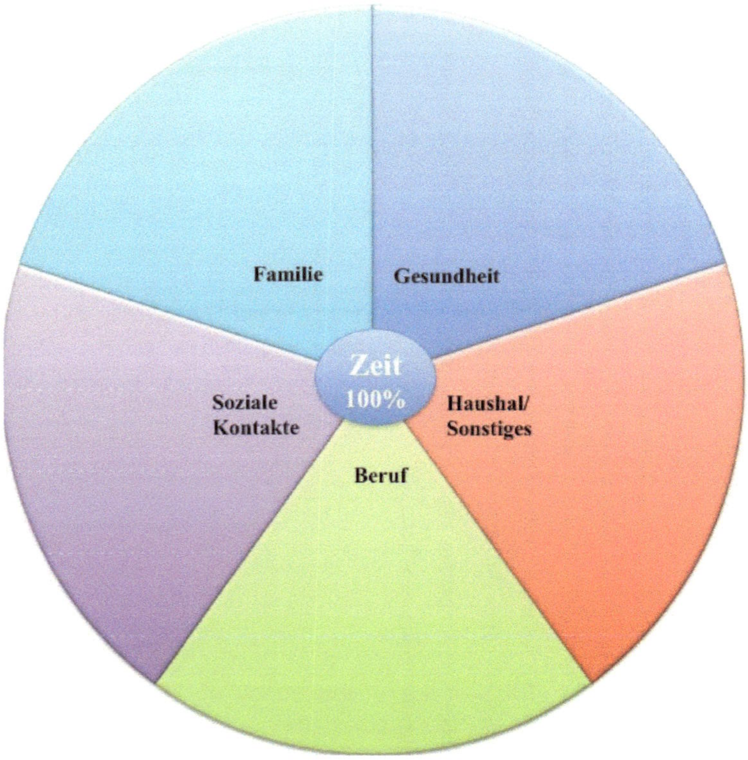

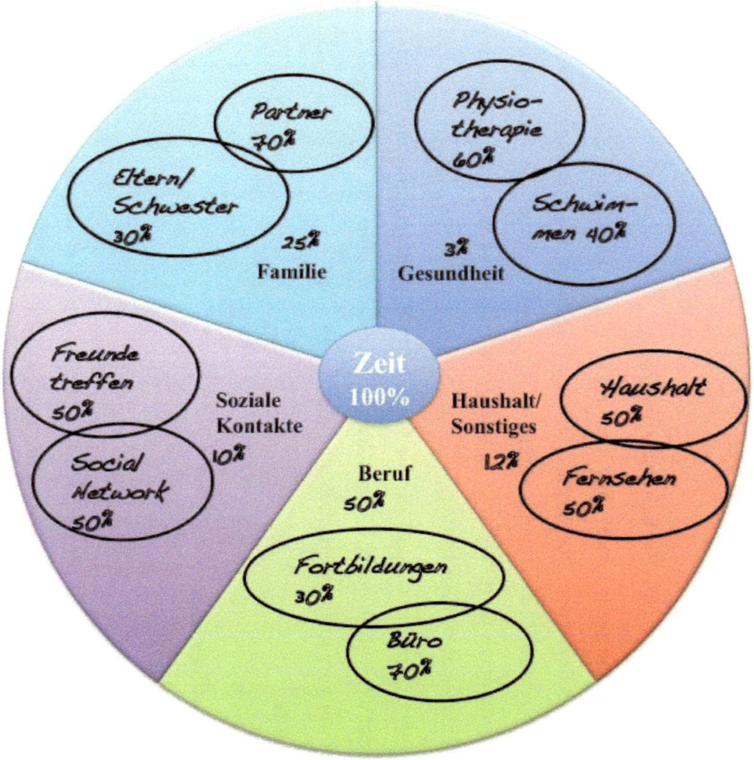

Abb. 3: Ausgefülltes Kreisdiagramm – Zielhierarchie Person 5
(eigene Darstellung)

Abb. 2: Ausgehändigtes Kreisdiagramm – Zielhierarchie
(eigene Darstellung)

Einzelberatung

In der Einzelberatung werde ich mich mit jeder einzelnen Klientin zusammensetzen. Wir analysieren jedes Haupthandlungsfeld und jeden Unterpunkt. Zusätzlich soll die Klientin genau beschreiben wie sie zu dieser Prozentzahl gekommen ist, welche Wichtigkeit dieses Handlungsfeld hat und in wie weit eine Änderung des Zeitmanagements bedingt durch verpflichtende Aktivitäten möglich sind.

Bei der Analyse wird jeder einzelne Punkt genau reflektiert, außerdem werden freie Ressourcen gesucht und Prioritäten gesetzt. Gemeinsam suchen wir nach einer Lösung die Verhaltensänderung so zu integrieren, so dass sie zu den Lebensumständen passt. Ich unterstützte meine Klientinnen, gebe fachliche Hinweise und lenke das Gespräch.

Gruppenberatung

So wie in der Einzelberatung ist das analytische Hauptziel nach Ressourcen, die eine Verhaltensänderung fördern, zu suchen. Die Klientinnen stellen unter meiner Anleitung ihre Ergebnissen der Gruppe vor. Auch hier sollen sie genau beschreiben wie sie zu ihrem Prozentsatz gekommen sind und welche Wichtigkeit das Handlungsfeld für sie hat. Während jedes einzelnen Vortrags, sind die Gruppe und ich aufmerksam und verhalten uns ruhig ohne jegliche Zwischenfragen. Danach werden Ideen gesammelt - die Gruppe diskutiert gemeinsam welche Möglichkeiten im Allgemeinen sinnvoll wären die Verhaltensänderung zu integrieren. Anschließend erklärt jeder von ihnen welche Verknüpfung am besten in ihre jeweiligen Lebensumstände passt. Ich unterstützte, gebe fachliche Hinweise und lenke die Ideensammlung.

Aufgabe 4: Kosten-Nutzen-Verhältnis

Bei der Kosten-Nutzen-Abwägung werden die Vorteile und Nachteile für die Verhaltensänderung der Klientinnen betrachtet.

Es gibt drei Möglichkeiten für die Kosten-Nutzen-Analyse:

1. Kosten-Nutzen-Waage
2. Vierfelder-Schema
3. Tabellenform (spricht dafür - spricht dagegen - Barrieren)

Für meine Gruppe habe ich mich für die Kosten-Nutzen-Waage entschieden. Jede Teilnehmerin erhält einen Vordruck von mir. Diesen sollen sie wieder für sich beantworten. Auch hier bekommen sie eine Stunde Zeit zur Bearbeitung.

Tab. 11: Kosten-Nutzen-Analyse anhand einer Kosten-Nutzen-Waage bei einer Ernährungsumstellung: Beispiel Person 5

Vorteile		Nachteile	
Wunschfigur bei der Hochzeit erreichen	10	Genuss beim Verzehr ungesunden Essens	5
Adipositas vermeiden	5	Befriedigung der Gelüste	7
Geringeres Risiko für kardiovaskuläre Erkrankungen	8	Hoher Aufwand bei der Zubereitung neue gesunde Gerichte	8
Körperliche Aktivität	7	Verzicht von Süßigkeiten	5
Gutes Gewissen	5	Bequemlichkeit bei Erhaltung des alten Essverhaltens	4
Gewichtsreduktion	8	Fehlende familiäre Unterstützung bei der Umsetzung	10
Erweiterung des sozialen Umfeldes	4		

Methodisch verwende ich zur Visualisierung der Problematik das Schema der Kosten-Nutzen-Waage. Meine Klientinnen erhalten im Vorfeld dafür ein Schema in dem sie notieren was ihrer Meinung nach die Vor- und Nachteile einer Ernährungsumstellung sind. Im Anschluss sollen sie jedem Unterpunkt eine Gewichtung geben auf einer Skala von 1-10 wobei 1 gering und 10 sehr gewichtig ist. Das ermöglicht mir als Berater einen Einblick schon vorab in die Barrieren der Klientinnen, die sich durch die Gewichtung aus den Kontraaspekten ergeben. Dabei bedeuten starke Gewichtungen große Barrieren. Als Beispiel Person 5: die Familie wird sie nicht bei der Gewichtsreduktion unterstützen – der Familie ist die Notwendigkeit und Dringlichkeit der Gewichtsreduktion kaum bis gar nicht nachvollziehbar „Du hast es doch gar nicht nötig Kind", sie werden sie nicht motivieren. Diese Barrieren werden wir zusammen versuchen zu überwinden.

Im Anschluss erfolgt meinerseits eine fachliche Aufklärung über Folgeerkrankungen der Adipositas. Dabei werde ich anhand von Studien und statistischen Auswertungen meinen Klientinnen den Vorteil einer Verhaltensänderung bezüglich einer gesünderen Lebensweise erläutern. Hier geht es insbesondere darum meinen Klientinnen ihr aktuelles Risiko aufzuzeigen ohne sie dabei zu belehren. Es muss darauf geachtet werden, dass diese Daten in Zusammenarbeit ermittelt werden. So kann z.B. das Körperfett der Klientinnen erhoben werden um dann zu schauen wie lang die entsprechende durchschnittliche Lebenserwartung ist. Auch kann ermittelt werden wie hoch beispielsweise das prozentuale Risiko ist in den nächsten Jahren einen Diabetes zu entwickeln. Zusätzlich kann hier das Kreisdiagramm hinzugezogen werden um den geringen Zeitaufwand für die Verhaltensänderung aufzuzeigen. Anschließend soll die Klientin erneut eine Vor- und Nachteile Liste schreiben und auf Basis der neu gewonnenen Kenntnisse auch hier wieder eine Gewichtung analog zur ersten Liste abgeben. Dies hilft ihm im Anschluss ein handlungswirksames Ziel zu formulieren. Abschließend sollte nochmals auf Barrieren eingegangen werden und den Klientinnen entsprechende Lösungsansätze geboten werden die ihnen in den entsprechenden Situationen helfen diese zu überwinden.

Aufgabe 5: Handlungswirksames Ziel

Als Berater möchte ich, dass meine Klientinnen ihr Ziel selbst formulieren. Ich unterstützte meine Klientinnen, gebe fachliche Hinweise und lenke das Gespräch bis sie eigenständig ein handlungswirksames Ziel formuliert haben.

Bei der Zielformulierung meiner Klientinnen sollte ich folgende Anforderungen und Inhalte der SMART-Formel beachten (PIETER, 2012, S. 231):

S → spezifisch (sollte sehr konkret und in der Gegenwart formuliert sein)

M → messbar (Festlegung auf die Häufigkeit)

A → attraktiv (eine Kleidergröße weniger, es lohnt sich)

R → realistisch (muss 80-90% erfüllbar sein)

T → terminiert (ein Anfang und Ende für das Ziel, auch Teilziele möglich)

Des Weiteren werde ich das eigenformulierte Ziel mehrmals ausdrucken und einrahmen lassen und es meine Klientinnen aushändigen damit sie dieses bei der Arbeitsstelle und Zuhause aufhängen können. Außerdem sollten Zwischenziele mit entsprechender Belohnung definiert werden. Das fördert dauerhaft die Motivation und die Compliance.

Handlungswirksames Ziel Person 5:

„Ab dem 01.09.2013 ernähre ich mich gesund mit natürlichen Lebensmitteln mit weniger Fett, Kohlenhydraten und Zucker, dafür täglich vielen Proteinen, Gemüse, Obst sowie 3 Liter Wasser. Zusätzlich betätige ich mich sportlich indem ich montags und mittwochs Zumba tanzen und samstags schwimmen gehe. In 5 Monaten heirate ich und wiege dann 15 Kilogramm weniger. Ich passe dann in das schöne Hochzeitskleid das damals meiner Mutter gehörte. Ich freue mich auf wunderschöne Fotos mit meinem Traumgewicht. Mein Ziel ist es bis zu meiner Hochzeit in 5 Monaten 15 Kilogramm abzunehmen. Jedes Mal wenn ich 2 Kilogramm abgenommen hab, gönne ich mir eine Wellness-Gesichtsbehandlung."

Einsendeaufgabe 3: Transtheoretische Modell

Aufgabe 1: Ausgangssituation

Tab. 12: Persönliche Daten von der Beispielperson Daniela Weber

Persönliche Daten	
Name, Vorname	Weber, Daniela
Geschlecht	Weiblich
Geburtstag	01.07.1985 (28 Jahre)
Familienstand	ledig
Kinder	0
Körpergröße	171 cm
Gewicht	87
BMI	29.8
Körperfett	35%
Umfang in cm Brust/Taille/Hüfte	103/118/110
Taille-Hüft-Quotient	THQ1,07; Apfeltyp
Beruf	Büroangestellte
Hobbies	fernsehen, shoppen, kochen
Sportliche Betätigung	Keine
Essverhalten	Viel süßes, liebt Kohlenhydrate
Wert Selbstwirksamkeitserwartung	25 (niedrig)
Gewünschte Gewichtsreduktion	15 Kg

Aufgabe 2: Tabelle Transtheoretisches Modell

Tab. 13: Prozess der Verhaltensänderung nach TTM der Beispielperson Daniela Weber

TTM	Stufe 1 Absichtslosigkeit	Stufe 2 Absichtsbildung	Stufe 3 Vorbereitung	Stufe 4 Handlung	Stufe 5 Aufrechterhaltung
Charakteristische Verhalten	Hat nicht die Absicht ihr Risikoverhalten zu verändern. Gesundheitliche Bedrohung ist nicht ersichtlich. Besitzt verschiedene Abwehrmechanismen um ihr Verhalten zu rechtfertigen.	Das Problem ist ersichtlich. Offene Auseinandersetzung mit Risikoverhalten. Noch kein "Ergreifen" von Maßnahmen.	Entschluss wurde vorgenommen. Nutzen der Verhaltensänderung wird sehr groß eingeschätzt. Der Anfang wurde bereits gemacht.	Neue Verhaltensweise wird jetzt ausgeübt. Großer Aufwand und Anstrengung dieses Verhalten beizubehalten, da es noch nicht zur Gewohnheit geworden ist. Dadurch große Gefahr eines Rückfalls.	Positive Verhaltensmuster sind nahezu gefestigt. Gezeigte Verhaltensmuster werden weiter eingeprägt. Gefahr eines Rückfalls ist gering trotzdem wird aktiv dagegen gearbeitet.
Zeitlichen Ablauf	Verhaltensänderung kann mehr als 6 Monate dauern	Verhaltensänderung in den nächsten 6 Monaten	Verhaltensänderung in den nächsten 30 Tagen	Verhaltensänderung mehr als 1 Tag und weniger als 6 Monate	Verhaltensänderung mehr als 6 Monate
1. geeignete Strategie	Kognitive Strategie - Steigern des Problembewusstseins	Kognitive Strategie - Emotionales Erleben bzw. Herstellen von Betroffenheit	Verhaltensorientierte Strategie - Selbstverpflichtung	Verhaltensorientierte Strategie - Gegenkonditionierung	Verhaltensorientierte Strategie - Stimuluskontrolle
Beispiel	"Beim Fernsehen schauen ist mir über verschiedene Sendungen aufgefallen, das Übergewicht zu gesundheitlichen Problemen führt. Da ich übergewichtig bin, informiere ich mich jetzt über verschiedene Abnehmmöglichkeiten in den Medien"	"Wenn ich ehrlich zu mir bin, sehe ich ja wie ich immer mehr und mehr unbeweglich und krank aufgrund meines Übergewichts werde"	"Ich esse ab jetzt jeden Tag mittags und abends Gemüse zu den Hauptmahlzeiten"	"Da ich nicht auf meine Fernsehsendungen verzichten möchte, hole ich mir ein kleines Trampolin und hüpfe während der Sendung für ca. eine halben Stunde drauf. Danach esse ich einen Magerquark mit frischen Beeren anstatt wie früher Süßigkeiten"	"Ich kaufe gar keine Süßigkeiten mehr für Zuhause ein um mich erst gar nicht in Verführung bringen zu lassen"
2. geeignete Strategie	Kognitive Strategie – Wahrnehmung förderlicher Umweltbedingungen	Kognitive Strategie - Neubewertung der persönlichen Umwelt	Verhaltensorientierte Strategie - Mobilisieren hilfreicher Beziehungen	Verhaltensorientierte Strategie - Selbstverstärkung	Verhaltensorientierte Strategie - Gegenkonditionierung
Beispiel	„Wenn ich so darüber nachdenke, machen die meisten meiner Freunde sehr viel Sport"	"Wenn ich irgendwann Kinder haben möchte und weiterhin übergewichtig bin, weiß ich, dass das Risiko für Schwangerschaftdiabetes und somit die Gefährdung meines Kindes sehr hoch ist"	"Da ich gerne koche, werde ich meine sportlichen Freunde öfters zum gesunden Essen zu mir einladen und im Gegenzug sollen sie mich sportlich motivieren"	"Immer wenn ich zwei Kilo abnehme, kaufe ich mir ein neues Kleidungsstück"	"Immer wenn ich Apatit auf was süßes habe, esse ich ein Stück Obst oder einen Naturjoghurt mit Beeren"

Literaturverzeichnis

Pieter, A. (2012). *Studienbrief Psychologie des Gesundheitsverhaltens* Version 8. Unveröffentlichtes Studienmaterial der Deutschen Hochschule für Prävention und Gesundheitsmanagement. Saarbrücken

Tabellenverzeichnis

Abbildungsverzeichnis